COLLECTION OF POEMS

COLLECTION OF POEMS

A COLLECTION OF POEMS

Laura Bertolini

Codice ISBN:9798847494373
Casa editrice: Independently publish

BIOGRAFY

ENGLISH

Laura's poetry is evolving and taking more concise and definite forms but still dominated by spiritual imagery and a rhythm that is peppered with her past and present experiences.

Laura Bertolini is from Cecina, Italy. She moved to Davis (California, USA) in 2009 and then she moved again back to Italy in 2020.
Actually she lives in Turin.
Her life experience in Davis has inspired many of her recent poems as her life in Tuscany did.
Laura graduated with a degree as Social Worker from the University of Pisa in 2007 and she became an English teacher in 2020.
As a child, after recognizing that she had a gift for poetry, her parents submitted her work in a variety of different contests. In 1989 she won her first prize.

Starting in 1998, Laura began to publish her poetry in a variety of Italian
newspapers and magazines, mostly in the area of Tuscany where she was raised. Her first book, "Sono un Angelo Dimenticato," was published in 1998 from Ed.La Palma; in 2008 a second book, called "Nessuna Musa di Cristallo" was also

published.

Her poem “Sto per lasciare tutto “(English version: “I’m about to leave everything”) was published in USA, for the Davis Poetry Book 2011.

In 2013, Laura Bertolini started to self-publish her own books.

“Extreme Fishing” a collection of poems in 2011 and it’s available on Amazon.

In 2017 she published an other successful book of poems “**I colori dentro**”, also available on Amazon.

In 2019 Mds Editore publishes her book “Sospesa fra due mondi”, available in the Italian bookstores.

During the last few summer seasons she has been actively sharing her poems in Tuscany where she participates frequently in cultural and poetry events.

Her first reading in public happened in Montescudaio in2014, followed by many other cities and towns, including the Sacramento Poetry center and Putah Creek Winery in Davis.

In 2016, Laura won the first place in “La paura fa 90 righe” for the poetry section of the FI PI LI Horror Festival 2016.

In 2017, she won the first place prize for another prestigious contest organized from the publisher

Mds Editore.

In 2018, she won the second place prize in the Poesia-in-Corso contest organized by Le Cicale Operose, Livorno.

In 2019, she won the third place for the Jack Karouac Davis poetry contest.

In 2021, she won the first place for a prestigious international contest called "Premio Giovanni Bertacchi".

- She was one of the artists in "Levels" by Ignorarte(Faenas Bistrot in Rome)
- She was one of the poets in "Cornici Poetiche" by Ignorarte (Maam, in Rome)
- She performed at the Natsoulas Art Gallery in Davis.
- She performed at the Lojelo Art Gallery in Volterra.

She worked with other artists like Lesta Sinutre music and poetry project (Davide Salvadori and Laura Bertolini 2018)

ITALIANO

La poesia di Laura si sta evolvendo e assumendo forme più concise e definite, ma ancora dominata da immagini spirituali e da un ritmo condito con le sue esperienze passate e presenti.

Laura Bertolini è di Cecina, Italia. Si è trasferita a Davis (California, USA) nel 2009 per poi tornare in Italia nel 2020.

Attualmente vive a Torino.

La sua esperienza di vita a Davis ha ispirato molte delle sue poesie recenti, così come la sua vita in Toscana.

Laura si è laureata in Assistente Sociale presso l'Università di Pisa nel 2007 ed è diventata insegnante di inglese nel 2020.

Da bambina, dopo aver riconosciuto che aveva un dono per la poesia, i suoi genitori hanno presentato il suo lavoro in una varietà di concorsi diversi. Nel 1989 ha vinto il suo primo premio.

A partire dal 1998, Laura ha iniziato a pubblicare le sue poesie in una varietà di italiano

giornali e riviste, soprattutto nella zona della Toscana dove è cresciuta. Il suo primo libro, "Sono un Angelo Dimenticato", è stato pubblicato nel 1998 da Ed.La Palma; nel 2008 è stato pubblicato anche un secondo libro, intitolato "Nessuna Musa di Cristallo".

La sua poesia “Sto per lasciare tutto” (versione

inglese: “Sto per lasciare tutto”) è stata pubblicata negli USA, per il Davis Poetry Book 2011.

Nel 2013 Laura Bertolini ha iniziato ad autopubblicare i propri libri.
"Extreme Fishing" una raccolta di poesie del 2011 ed è disponibile su Amazon.

Nel 2017 ha pubblicato un altro libro di poesie di successo “I colori dentro”, disponibile anche su Amazon.

Nel 2019 Mds Editore pubblica il suo libro “Sospesa fra due mondi”, disponibile nelle librerie italiane.

Durante le ultime stagioni estive ha condiviso attivamente le sue poesie in Toscana dove partecipa frequentemente ad eventi culturali e di poesia.
La sua prima lettura in pubblico è avvenuta a Montescudaio nel 2014, seguita da molte altre città e paesi, tra cui il Sacramento Poetry Center e la Putah Creek Winery a Davis.

Nel 2016 Laura ha vinto il primo posto de “La paura fa 90 righe” per la sezione poesia del FI PI LI Horror Festival 2016.

Nel 2017 ha vinto il primo premio per un altro prestigioso concorso organizzato dalla casa editrice Mds Editore.

Nel 2018 ha vinto il secondo premio al concorso Poesia-in-Corso organizzato da Le Cicale Operose, Livorno.

Nel 2019 ha vinto il terzo posto al concorso di poesia Jack Karouac Davis.

Nel 2021 ha vinto il primo posto al prestigioso concorso internazionale “Premio Giovanni Bertacchi”.

- È stata una delle artiste in “Levels” di Ignorarte (Faenas Bistrot a Roma)
- Fu uno dei poeti nelle “Cornici Poetiche” di Ignorarte (Maam, a Roma)
- Si è esibita alla Natsoulas Art Gallery di Davis.
- Si è esibita alla Lojelo Art Gallery di Volterra.

Ha collaborato con altri artisti in progetti di arte mista.

Degno di nota il progetto di musica e poesie “Lesta Sinutre” (musica di Davide Salvadori, poesie di Laura Bertolini)

LOU REED STOWELL

Le tue ossa di carta volano
fino alla donna ordinaria
che raccoglie briciole di pane,
da una tovaglia, con una lama.

La tua testa ci sventola da dietro
come le mani nella classe
dove la sedia tua, senza scalpore,
ammutolì il brusio dei professori.

Studia Louise, tu hai studiato,
ma ti rintraccio in mezzo al grano
che alla morte alzi un mazzo spigato
e il primo volto liscio al microscopio.

Gli uomini cacciavano anatre
nell'*autunnoso* fogliame,
sul cavalletto delle tue gambe
disegnavi bozzetti del grano.

Detroit e la separazione delle specie,
tu, in fondo al tempio della scienza,
portasti le tue sedie, il tuo divano,
le studentesse unite e la sapienza.

Socchiudo un occhio nel vapore
che sale dalla tazza emancipata
dal secolo che ci separa.
Scrivo di te, scienziata.

LOU REED STOWELL

Your paper bones fly
to the ordinary woman
who picks up bread crumbs
from a tablecloth, with a knife.

Your head waves behind us
like the hands in that class
where your chair, with no fuss,
silenced the murmur of teachers.

Study, Louise, and you did,
but I find you in the midst of wheat
raising a bundle of spikes against death
and your first soft skin to the microscope.

Men hunted the ducks
in the autumnal leaves
on the easel of your legs
you sketched the wheat.

Detroit and the speciation,
you, at the end of the science's temple,
brought your chair, your couch,
the united co-eds and the knowledge.

I half-close an eye in the steam
from the teacup, free
from the century that separates us.
Woman scientist, I am writing of you.

LO SPAZIO NEL BOSCO

Cade una foglia, cade una piuma
dalle esili ossa del bosco,
a dispari passi una lupa si avvia
verso il fiato pesante del branco.
Non c'è un suono né un soffio
sulla strada stravolta di buche.
Riformarsi a impassibile roccia
nello scorrere vivo dell'acqua.
Reagire, come gli alberi
al turbamento dei venti,
danzare come matti
alla disgrazia dei cancelli
e sopra ai vetri rotti
amarsi o non amarsi
nelle aurore redimenti,
senza guardarsi indietro,
sudare e andare avanti.

Poi ecco il buio, che nasconde le mani,
con il suo soliloquio del sogno
mentre l'acqua sciaborda e scorre.
Ecco la pelle snudata del viso
uno squarcio di cielo interrotto
su una pausa di un ramo d'olivo
non più fragile d'animo, forte,
dentro l'alba testarda del giorno.
Come sto nel sussulto di un fiore
Come sto nel sorriso di un becco

Come sto nelle mani del prato!
Sdraiata, sopra e sotto,
felice e leggermente sporca.

THE SPACE IN THE FOREST

A leaf falls, a feather falls
from the slender bones of the forest
a she-wolf unevenly strides
towards the heavy breath of the pack.
There is neither sound nor blow
along pit-scarred street.
Reforming as unmoved rock
into the living flow of the water
reacting as do the trees
to the perturbing winds,
dancing like mad men
to the tragedy of gates
and on broken glasses
to love or not love ourselves
in the redeeming sunrises,
without looking back,
sweating and plowing ahead.

Then the hand-hiding dark,
with dream's soliloquy
while the running water laps.
Here is the bared skin of the face
a gash of interrupted sky
on a pause of a olive branch
no more fragile, tough soul,
into the stubborn dawn of the day.
How I feel into the tremor of a flower
how I feel into the smile of a beak
how I feel into the meadow's hands!

Lying, supine and prone,
happy and a slightly dirty too.

POESIA PER LA NONNA

Nel silenzio dell'inverno
un legno si spezza.
Volano via anche gli uccelli.
Io resto ferma.

Non é l'odore d'erba fresca
quello che sento:
è quasi freddo,
io non mi muovo.

Al ritorno dai bambini
ho le grida della vita
adombrate dalle grida
della madre.

E la madre della madre
si addormenta nel fiume
mentre il grano si fa d'oro
sotto il sole.

Dov'è l'anima del camino?
Il fuoco bello
le castagne, il mandarino,
la stella di Natale
il tavolo imbandito?

Tace
il tintinnare di monetine
la nenia di preghiere della sera
la serie di novelle sulla vita.

Dov'é la mano calda?
L'aspetta accanto al fuoco
il suo bastone,
che resta fermo
che non si muove.

GRANDMOTHER'S POEM

In the silence of winter
a branch cracks.
Even the birds are flying away.

I remain still.

It is not the aroma of fresh grass
that I smell:
it's getting cold,

I am not moving.

Children on their way home
I carry their giggles of life
overshadowed by the wails
from the mother.

It's the mother of the mother
who sleeps in the river
while the grain turns golden
under the sun.

Where is the spirit of the fireplace,
the beautiful flame
the chestnuts, the mandarins,
the poinsettia,
the laid table?

Silence
the jingling of coins

the murmur of evening prayers
the series of stories about life.

Where is the warm hand?
Her cane waits for her by the fire.
It is still,
it is not moving.

NATALIE

Ho spogliato il mio collo
del capillare d'oro
dal quale ciondola,
nell'armadietto,
un cristo appeso.
Il giubbotto mi protegge
il petto con il cognome
a strappo, orgoglio
di mio padre,
che lascia il volto
al bronzo messicano
nel suo riflesso
sul quale arresto,
con tenero sorriso,
un mio capello.

Gennaio sulle spalle
distratte della sera,
un coccio di lamiera
mi mandano da sola
in gabbia ho la pistola
e in mano una penna.
Scriverò il verbale
tornerò in centrale
chiamcrò mia madre
scalderò un caffè.

Rapidi gli occhi attraversano
da una parte all'altra la scena
ho un tremito di freddo,

ma è la morte, che dal buio
schizza come la poiana
sul topo inerme, e lo divora.
La mano bianca dal cespuglio
mi punta al collo la pistola
e spara, spara, spara, spara.

Cado come un rigido steccato
d'intralcio nella corsa, cado
con uno schiaffo sul cemento
nella città che m'incorona
e mette fine ai sogni
di me ragazza scesa
dalla bicicletta,
appena laureata.

Chi sono io se non un'ombra?
Piombo coperto da mazzi di fiori,
nastri celesti abbarbicati ai tronchi,
una veglia di candele nella piazza,
migliaia d'occhi colmi di terrore,
un'isola che diventa ovunque
chiunque nel silenzio della pelle
che non ha più sudore,
una mamma che piange
una targa in mio onore.

NATALIE

I've stripped my neck
of the golden capillary
from which
a hung Christ
sways in the locker.
The police vest protects
the chest with my velcroed
surname, the pride
of my father,
leaving his face
in the Mexican bronze
of its reflection,
on which I rest
my hair
with a tender smile.

January looms over the distracted
shoulders of the evening,
a shard of a sheet of metal,
they send me alone
my gun in the hoister
a pen in my hand.
I'll write the report
I'll head back to the police station
I'll call my mother
I'll warm some coffee.
Swift the eyes scan
the scene from side to side
I tremble from the cold,
But it's death that bolts

as a buzzard on the powerless
mouse devouring it in the darkness.
From the bush the white hand
aims the gun to my neck
and fires, fires, fires, fires.

I fall as a stiff fence
as a hurdle in the race, I fall
with as slap on the cement
in the town that crowns me with laurels
after having snapped out the dreams
of a girl who got off
from her bicycle,
to become an academy graduate.

Who am I if not a shadow?
Lead covered by bunches of flowers,
light blue ribbons clinging to the tree trunks,
a wake of candles in the square,
thousands of eyes filled with dread,
an island turning into everywhere
everyone in the silence of the skin
that doesn't sweat anymore

a mother crying
a nameplate in my honor.

LETTERA ALL'ASSASSINO

Respingo ogni tuo vezzo da superbo sovrano
rifiuto la menzogna del biologico destino.
Ma tu sei mano che punisce,
saio che nasconde,
sfregio che abbrutisce,
ombra sul mio orgoglio,
vanitas sulla mia tela
memitim sulla mia vita
buio e disincanto.

Mi puoi appiattire al muro,
spremere come oliva, murare viva,
farmi sparire con un grido all'alba,
ma viva resta l'eredità della mia pelle,
cellule di tolleranza e di conquista,
uguaglianza e rivendicazione.
Io entrerò, come lama di giustizia
facendo luce nella casa.
Gridando, chiamerò le donne,
in strada contro il patriarcato.
Verrò dissotterrata,
mi ritroveranno,
camminerò tutte le strade
sarò milioni di occhi
sarò milioni di voci
e mai più ombra.
Sarò parola.

LETTER TO THE SLAYER

I repel each of your whims
of an arrogant king
I refuse the false
pretenses of a biological fate.
But you are the hand that punishes,
the tunic that hides,
the slash that brutalizes,
shadow on my pride,
vanitas on my canvas
memitim on my life
darkness and disillusionment.

You can smooth me over the wall,
squeeze me like an olive, brick me in,
kill me with a yell at sunrise,
but alive stays the legacy of my flesh,
cells of tolerance and conquest,
equality and claim.
I will come in, as a slade of justice
casting light in the abode.

Bellowing, I will muster the women,
in the street against the patriarchy.
They will exhume me,
they will find me again,
I will walk down all the paths
I'll be millions of eyes
I'll be millions of voices
and shadow not anymore.
I will be word.

CARTA AL ASESINO

Rechazo todos tus caprichos de soberano soberbio
rechazo la mentira del destino biológico.
Perotúeres mano que castiga,
hábito que esconde,
desfiguración que brutaliza,
sombra sobre mi orgullo,
vanitas en mi lienzo
memitim sobre mi vida
oscuridad y desencanto.

Puedes aplanarme contra la pared,
exprimirme como aceituna, emparedarme viva,
hacerme desaparecer con un grito al amanecer,
pero el legado de mi piel seguirá vivo,
células de tolerancia y conquista,
igualdad y reivindicación.
Entraré como espada de justicia
iluminando la casa.

Gritando, llamaré a las mujeres
en la calle contra el patriarcado.
Seré desenterrada,
me encontrarán de nuevo,
caminaré por todas las calles
seré millones de ojos
seré millones de voces
y no más sombra.
Seré palabra.

PROSERPINA

Lei fu per un po' il mondo intero,
fu tutte le ombre scacciate
fu sole acchiappato.
Ricordo con quale silenzio
sapeva portarmi nei campi
a levarmi la pelle
e un mio cinguettare
che ora, anche solo a pensarci
sento un moto emotivo,
vedo il cielo liquefarsi.

Perché poi fece la volontà
di un fiore narciso?
Forse per la sua testa china
e lo stelo rivolto al cielo
lo volle, lo colse
inginocchiata.
Questo dal calice buttò
tre chicchi di melograno.

Troppo buoni direi
perché lei dicesse no
e ora mi resta
questa fetta
di pane raffermo
che nel morso sgranocchio
e ogni tanto la penso
e ogni tanto mi appare,
ubbidiente e devota
nel teatro dell'Ade.

PERSEPHONE

She was the whole world for a while,
she was all the dispelled shadows
she was seized sun.
I recall how silently
she could take me to the fields
to shed my skin
and that chirping of mine
so much so that now, at the mere thought
I feel a warm surge,
I see the sky liquefying.

Why then did she bend to the will
of a narcissus flower?
Perhaps because of its bowed head
and its stem turned up to the sky
she craved it, she picked it
down on her knees.
It then from the stem dropped
three pomegranate seeds.

Too good were they
for her to refuse
and what remain snow
is this slice
of stale bread
which I munch in the bite
and at times I recall her
and at times she appears,
obedient and devoted
in the field of the Hades.

TOCCAMI

Ma se domani il mondo fosse vacuo
e la notte imponderabile
se si squarciassero gli istinti,
non si potesse più godere,
leggere, fotografare
se la beata coincidenza delle cose
spengesse i lampioni ad ogni passo
sceglieresti la periferia?
terresti un sasso al posto dei pensieri?
smarriresti la chiave delle mie stanze da tè?

E se domani fossi nervi e mestizia,
se per i gesti non ci fossero parole
negheresti questo semplice sentire?

Toccami nei rumori della strada,
tutta la Terra si è fermata.

TOUCH ME

If tomorrow the world were bare
and the night were vague
if instincts were torn,

If we could no longer relish,
reading, photography

If the blissful coincidence of things
shut off the streetlamps at every step

Would you choose the suburbs?
Would you hold stones for tenderness?
Would you lose the keys to my tea rooms?

And if tomorrow I were sadness and nerves,
if there were no more words for us to share
would you refuse this simple feeling?

Touch me in the rumor of the streets,
the whole Earth ceases.

APOCALYPSE

Tutti parati dietro lo schermo
nessuno si accorge delle trincee.
Il podcast della vita distrae
dalla fobia della morte.
Il soffio all'orecchio,
nell'atrofia della gente,
è d'invertir le rotte
ma è un suono sordo
che nessuno sente.

Un occhio alla natura
dice che Gaia era malata
d'un cancro snaturato
denominato uomo.
Un focolaio al posto del fuoco,
una violenta pettinata
le strappa i nervi via dal capo.
Si alza un lenzuolo di vuoto
sulle strade, per le scale,
e nei tragitti in cielo.
Gaia respira!
Escono i cervi dalla pineta.

Sbucano dai vasi di fiori
maree di scarafaggi
in battaglioni militari
violano le frontiere,
invadono i paesaggi.
Si diffonde un veleno
che mina la libertà.

È un male universale,
la sovranità nazionale
scivola sul pantano
nel delirio mondiale.

Nella falce eugenetica
una febbre pandemica,
un vibrare invisibile,
una battaglia invincibile
nella corsia d'ospedale
dove non lottano soldati
ma medici e infermieri.
I cassieri nei supermercati
sedano la rappresaglia
del panico da carestia.

La casa diventa una barriera
una distanza sicura
una possibile biosfera
dove ricostruirci,
dove ripensarci.
E in questa resistenza
dobbiamo mantenerci
uniti, vivi e immuni.

APOCALYPSE

All shielded behind the screens,
nobody notices the trenches.
Life’s podcast distracts us
from the phobia of death.
In people’s atrophy,
the whisper in the ear,
is to change course,
but it’s a dull sound
nobody hears.
A glimpse at nature
confirms that Gaea was ill
with a degenerate cancer
named man.
A hotbed in place of fire,
a violent brushing
tearing the nerves from its head.
A sheet of emptiness
rises in the streets, up the stairs
and in the itineraries of the sky.
Gaea breathes!
Deer leave the pine groves.
Tides of cockroaches
in military battalions
pop out from vases of flowers
violating borders,
invading landscapes.
Poison spreads
undermining freedom.
It is a universal evil,
national sovereignty
slides into the marsh
of worldwide delirium.

In the eugenic sickle,
a pandemic fever,
an invisible vibrating,
an invincible battle
in the hospital wards,
where no soldiers
but doctors and nurses fight.
In the supermarkets,
check-out assistants sedate
the retaliation of famine panic.
Home turns into a barrier,
a safe distance,
a feasible biosphere
where to reenactor selves,
where to re-think ourselves.
And, in our resistance,
we must remain
united, alive
and immune.

STO PER LASCIARE TUTTO

Sto per lasciare tutto
non per te, ma per l'amore:
per quella favola bambina che ogni donna conserva.
Sto per lasciare tutto
per seguire il sogno tuo,
verrò con te che mi hai saputo dare
il bene e qualche volta il male.
Sto per lasciare tutto
soprattutto i parenti e gli amici,
le mattonelle su cui ho camminato scalza
e tutto quello che conosco.
Sto per lasciare tutto,
anche me stessa,
verrò con te dall'altra parte del mondo
dove niente mi aspetta
tranne te.
Sto per lasciare tutto
per un uomo, che da uomo
non conosce fino in fondo
il senso delle cose.
Verrò con te perché
da donna, come donna
non conosco un senso nella vita
che non sia l'amore.

I'M ABOUT TO LEAVE EVERYTHING

I'm about to leave everything
not for you, but for love:
for that little girl's fairy tail to which every woman holds on.
I'm about to leave everything
to follow your dream,
I'm coming with you with what you have to give
the good and sometimes the bad.
I'm about to leave everything
most of all the family and the friends,
the tiled floor upon which I have walked barefoot
and everything that I know.
I'm about to leave everything,
including me myself.
I'll come with you to the other part of the world
where no one is waiting for me
except for you.
I'm about to leave everything
for a man who, as a man,
doesn't know the true meaning of things.
I will come with you because
as a woman, like a woman,
I do not know the meaning of a life
that is not love.

AMICO

Sono attimi quelli che ereggono il tempo corrente,
mutante è la crosta con piccole radici resistenti.
È l'età che sembra farci camminare in cerchio,
vagando su percorsi che si incrociano,
cercando appoggio nel rovente nucleo.

Sopravvissuta all'uso nella necessità,
spingo l'occhio oltre il deserto
e in questo mezzogiorno
raccolgo fossili memorie,
ma mi rallegro al nuovo incontro.

Le distanze creano zolle d'esperienza,
un foulard che scivola tra le mani,
il tacco slacciato tra il muro e la porta,
la polvere che dorme sul davanzale,
il canto sottile della musica,
la nostalgia di una voce.

Quanta fatica diventare adulti,
scoprirsi senza una reale storia
a volte brutalmente abbandonati,
riversi sulle bocche dei finti amici,
smarriti sui gradini dei segreti.

Noi due, bambini, liberi nei canneti.
L'odore dell'uva fragolina,
il volto materno della Terra,
il patto di sangue tra due figli unici.
Ti scopro ancora qui. Sei tu la mia difesa,
sei tu il mio ponte sul disordine.

FRIEND

There are those moments that create the present,
changeable as the earth's crust with little resistant
roots.
It's the age that causes us to appear as if we are
walking in circles,
roaming on interconnect paths,
looking for something to lean on
in the middle of the earth's red-hot core.
Survivor of the ways of necessity,
I thrust my eye beyond the desert
and during that midday
I gather again the fossil memories
but I rejoice at this new encounter.
Distance creates earth clods of experience,
a scarf that slips through your hands,
the unstrapped high heel caught between the wall and
the door,
the dust that sleeps on the windowsill,
the sound of someone singing softly to the music,
the nostalgia of a voice.
How hard it is to become adults,
to discover oneself without a real history
sometimes brutally abandoned,
to see oneself on the lips of fake friends,
bewildered on the steps of secrets.
The two of us, kids, free amongst the reeds,
the smell of juicy grapes,
the motherly face of the Earth,
the blood brother pact between a brother and a sister,
I see you're still here. You are my protection,
it is you my bridge over the chaos.

MIGRAZIONI

Apro le braccia io sono il falco,
sconfinato, immaginario, protetto,
sto sopra il cornicione del mondo.
Vedo il mondo, qui sotto ai miei piedi,
il mondo obliquamente alieno,
il sasso, che scivola in mezzo al capanno e si perde,
i cani che mi abbaiano sotto.
Devo ora trovare, muovendo un minimo pezzo di senno,
come si possa spuntare dall'altra parte senza farsi toccare,
là dove una banchina fu baita alla speranza.
Sento che non abbiamo
stretto molte altitudini, perciò,
quasi volando, emigro da solo
in un empireo flusso di coscienza.

MIGRATION

I open the arms I am the falcon
unbound, imaginary, protected
I'm on top of the ledge of the world.
I see the world, here beneath my feet
the world obliquely alien,
the stone that rolls into the middle of the shed and is lost,
the dogs bark beneath me.
Now I need to find, using just a bit of wit,
a way to spring out from the other side
without touching anything
where my refuge of hope was docked.
I feel like we haven't yet scaled many heights,
so almost flying, I emigrate alone
into an empyrean stream
of consciousness.

VERITÀ

I belli hanno una parte, la parte non è tutto.
I ricchi pagano da bere per compiacersi di se'.
Gli scienziati scelgono strade meno complicate.
Un pazzo, un fallito, un altro disperato, un povero,
un drogato, un vecchio yogi
siedono in cerchio con i loro tesori nascosti
e aspettano l'ora nella notte in cui la Luna
fa piovere monete d'oro nel mare.

TRUTH

The beautiful people have their share; their share is not everything
The rich pay for their drinks to enjoy themselves.
The scientists chose the least complicated paths.
A madman, the loser, another hopeless one, a pauper,
a druggie, an old yogi
sit encircled by their hidden treasures
waiting the hour of the night in when the moon
rains coins of gold upon the sea.

BORSE DI NUVOLE

Quanto rumore c'è nelle nuvole
quando si vola
e quanto bella è la Terra
fatta di coriandoli.
Quando si vola si va da un'altra parte
e l'aria rarefatta
a volte si trasforma in lacrima.
Anche gli uccelli a volte sbandano nel vento,
ma tornano presto al loro lineare volo
padroni del cielo,
seguendo percorsi che loro soli sanno.
Forse si arrischiano in giochi
tra i grattacieli sopra le strade,
sorretti da quell'Universo
che ridà loro lo scatto
per poter tornare a planare.

BAGS OF CLOUDS

How noisy it is up there
in the clouds
when you're flying
and how beautiful is the Earth
made of confetti.
When you fly you leave a place
and the thin air
at times turns to tears.
Even the birds sometimes swerve in the wind
but they quickly return to their linear flight
rulers of the sky,
following the routes that only they know.
Perhaps they are taking dares playing
among the skyscrapers above the streets
supported by that Universe
which gives them the boost
to enable them to soar again.

OSSA VIVE

Sono nato sordo e di questo mondo
sento solo il silenzio vivo delle cose.
La mia collana di ossa vibra
in questa notte in cui gli spiriti danzano.

Sono nato povero e senza più una lingua
e allora taccio, pregando nel vapore sacro.
La mia pelliccia d'orso prende vita
in questo cerchio dove la medicina cura.

Sono nato figlio di una famiglia grande
fatta di tutte le memorie della Terra.
L'intreccio dei cestini per i semi
porta il profumo della voce delle donne.

Sono nato in terra ma recintato dai confini.
Nelle vene di mia madre che piange
l'antica profezia che ormai si manifesta
nel dolore dell'albero che cade.

Sono nato e sono diventato adulto
E ho capito che in Europa mostrano
la refurtiva dei miei nonni nei musei.
Il vento porta il grido dei miei cari
non ammessi a riposare a casa.

Sono un uomo e sono un bambino
guardo i miei fratelli con occhi innocenti.
Vedo la bruta realtà della storia nascosta
nella leggenda del miracoloso sangue.

Sono nato libero, ma senza voce.

Il mio potere è quello dell'amore
i battiti del cuore sono quelli del tamburo.
Cosa ci faccio allora imprigionato senza colpa?

Io sono una Nazione, io sono un popolo,
io sono cosa viva e cosa uccisa
io sono sacro e sono umano
non posso essere un prodotto che si vende.

Sono nato e nascerò ancora,
sono vivo e vivrò ancora.
La mia canzone è un inno che risuona
dalle stelle fino alla pietra incandescente.

LIVING BONES

I was born deaf
and of this world
I can only hear
the silent peace of the living things
the gentle ray of my Father sun
and the vibration of my bone necklace.
I was born poor
and bereft of a language
and in silence I dance
My sacred bear skin on at night
in a steamy circle
where medicine heals.
I was born in a family
bigger than the moon
filled with the Earth's ancient memory.
The weave of baskets
carries the scent of women's hands
and the sound of their voices.
I am free but bordered,
my mother cries
tears that run like water in her veins
for this is such a rich soil.
Meanwhile the prophecy is unraveling.
I was born a baby
I grew up then
in Europe
I saw the stolen bones of my forebears
displayed on the tables of the museums.
They won't be back and rest at home.
I was born pure
and my heart moves
to the beats of Grandpa's drum

so what am I doing here?
Confined yet innocent
I speak through love
but no one seems to hear my voice
I am a whole Nation
I am an ancient people
I am the quick and the dead
I am human and sacred
all but a souvenir
I was born and will be born again
I survived and will be living on
I raise my songs
from the people in the stones
to the vastness of the sky, tonight.
And I pray.

BELLEZZA

Mi passeggiavi accanto
disvelando all'aria
la mia brama,
come se il cielo sopra di me
fosse prossimo a incrinarsi
per distrarti
dal tuo sguardo narciso.
Trionfo e disastro di nervi,
sfuggisti nel mio gioco
rinnegandomi nel luogo
stesso in cui ti dichiarasti.
Ti vidi aprir le rapide
impervie della seduzione
frugale, a spalle nude.
Dal collo avrei strappato
a morsi le tue perle, sobria,
e ti sembrò un rigagnolo
la piena del mio cuore.
Bellezza sei rimasta mia
nei segni che conservo,
ma navigo nel vento
senza luce.

BEAUTY

You were sasha lying beside me
casting from the air
my longing,
as if the sky above
could crack
to distract you
from your conceited gaze.
Triumph or disaster of nerves,
you play my game
denying me satisfaction
declaring yourself over love.
I saw you
releasing the rapids of seduction
licentiously dressed.
My teeth could have torn, sober,
your pearls that clung to your neck
and my bursting heart
seemed to you just a trickle.
Beauty, you remained mine
with the marks that I keep,
and I sail in the wind
with no light.

SEI PIEDI DI DISTANZA

Finendo sempre nello stesso modo
il tempo è diventato rima,
un giorno o un altro
il corpo cantilena,
supplica e trema.
Neanche le stelle si congiungono
brillano da sole nella notte,
a distanze sicure.
Niente più costellazioni
né teatri, né musiche.
A raggiera la luce
fraziona una foglia
e prosegue a terra,
ondulando il riflesso
degli alberi fuori
in un mare di ombre.
Il vento non porta presagio,
l'occhio si chiude accecato.
Dalla pelle sloggiano
microorganismi e orgasmi
da un altrove a un altro,
vanno.
La mente scarabocchia,
nel volteggiare delle ore,
pensieri ansiosi
e non desiste,
nell'afa estiva,
la dannazione.
Così il mio braccio
è diventato un ramo
e finalmente,
dopo tanto,

commetto
il sacrosanto crimine
di un abbraccio.
Six feet apart
Always ending in the same way
time has become a rhyme

SIX FEET APART

One day after another
my body chants,
begs and shakes.
Not even the stars align,
alone they shine
in the night
at a safe distance.
No more constellations
nor theaters nor music.
Light diffuses a leaf
and touches the ground
undulating the glare
of the trees outside
in a sea of shadows.
The wind carries
no omen,
my eye closes blinded.
From the skin are dislodged
microorganisms and orgasms,
from elsewhere to somewhere
they go.
My mind scribbles
in twirling hours
anxious thoughts,
and in the heat of the summer
does not cease
this damnation.
Therefore, my arm
has become a branch
and finally, after so much,
I commit a sacred
crime of a hug.

LUNA

In questo mio antenato presente
legato da ragioni terrene,
si sfalda e sanguina ciclicamente
la sinapsi tra il muscolo e la mente.

La mia vena è una nave
che segreta attraversa
capogiri di luna inquieta
che si completa e si riversa.

Una luce sciamana
si apre e matura
la gluma d'albume
in odorosa fontana.

Sacerdotessa androgina che spennella
una guerriglia di estrogeno in palude,
deflessa e dilatata al fianco, avvampo.
La conchiglia con un crampo si dischiude.

MOON

In this present ancestry
bound by earthly reasons,
cyclically flakes and bleeds
the synapse between muscle and mind.

My vein is a ship
that secretly traverses
in a dizzy restless moon
that itself completes pours out.

A shamanic light
opens and matures
the egg white glaze
in odoriferous fountain.

Androgynous priestess caressing
an estrogen guerrilla in the swamp,
deflected and dilated at the flank, flaming.
The shell with a cramp opens.

OMBELICHI

Esistenza, tu m'hai aperto sconosciuti mondi
posseduti dentro, sopìti tra viscere e ragione.
In una sola persona hai messo tutti i respiri,
tutte le mie lacrime di gioia o di pazzia,
il mio desiderio perpetuo
la cocente esplosione dei sensi
l'irresistibile verbo che incanta
la tattile memoria.
È un nastro elettrico per ogni mio capello
m'irrora i nervi di un sangue inquieto
se le ginocchia mi sfiora o se mi passa accanto.
I suoi occhi svelti come colibrì
hanno strappato i blocchi
dai soffitti della ragione
alle gabbie dell'educazione.
Ha disarmato anche il peccato.
Abbiamo dato un calcio al campanello di casa,
tolto saltellando gli stivali nuovi,
ci siamo rotolati addosso
baciati con gli ombelichi
inebriati con l'odore della pelle.
La nostra danza nuda
è seducente
è sentimento.
Non ci allarma più nemmeno un sogno
se le stesse lenzuola ci abbracciano
se,
guardando il giorno dalla luce che filtra,
le nostre schiene si sfiorano.
Sentirò la tua mancanza
appena scenderai le scale
e i piedi ti daranno alla tua strada.

Brucerò nell’attesa di vederti tornare.
Qualsiasi corpo la passione indossasse quel giorno
era dentro di te che s’annidava.
Qualunque corpo indossi l’amore ogni giorno
è dentro chi si ama che s’annida.

NAVELS

Life, you have revealed foreign worlds
owned within myself, dozing among gut and wit.
One single being to contain all my breaths,
all my tears of joy and folly,
my incessant desire
the searing blaze of the flesh
the irresistible charming word
the tactile memory.
Electric wire through each one of my hair
wets my nerves with restless blood
when my knees they brushes or passes by.
Their eyes as quick as hummingbirds
they tore the blocks
from the attic of my mind
to the cages of the poise.
Even the sin they have enticed.
We kicked off our home door bell,
removed our new boots bouncing along,
we rolled into each other
our navels kissed
inebriated with the scents of our skin.
Our naked dance
is seductive
is sentiment.
Not a dream can be worrying anymore
if the same sheets embrace us
if, when looking at the day seeping in,
our backs lightly touch.
I will start yearning for you
as you walk down the stairs
and your feet take you down your path.
I will be burning in the wait for your return.

Whichever body passion wore that day
inside of you it was nesting.
Whichever body love wears everyday
within the lovers it is nesting.

OMBLIGOS

Existencia, me has abierto mundos desconocidos
poseídos por dentro, dormidos entre las entrañas y la razón.
En una sola persona has puesto todos los respiros,
todas mis lágrimas de alegría o de locura,
mi perpetuo deseo
la abrasadora explosión de los sentidos
el irresistible verbo que encanta
la memoria táctil.

Es una cinta eléctrica para cada uno de mis cabellos
me irriga los nervios con sangre inquieta
si me toca las rodillas o si me pasa al lado.
Sus ojos tan rápidos como colibríes
rompieron los bloques
desde los techos de la razón
hasta las jaulas de la educación.
También desarmó al pecado.

Pateamos el timbre de casa,
nos quitamos dando saltos las botas nuevas,
nos revolcamos encima,
besándonos con los ombligos
intoxicados con el olor de la piel.
Nuestro baile desnudo
es seductor
es sentimiento.

Ya ni un sueño nos alarma
si las mismas sábanas nos abrazan
si, mirando el día desde la luz que se filtra,

nuestras espaldas se tocan.

Te extrañaré
tan pronto como bajes las escaleras
y tus pies te abrirán el paso a tu camino.
Arderé en la espera de verte regresar.

Cualquiera que sea el cuerpo que vistió la pasión ese día
era dentro de ti que se anidaba.
Cualquiera cuerpo usa el amor todos los días
es dentro de quien se ama que se anida.

FELCI

Non ci perforerà l'inganno,
non ce ne pentiremo.
Noi maturiamo ciliegie
in una strana primavera.
C'è il ronzio delle api
alla fine dell'inverno.
Mi avvicino alla finestra
col turbine di smania
e un corpo salivare,
sul camminare delle tue dita
nei miei spazi senza tregua.
Il mio anello sulla tua cintura
il tuo metallo sul mio fulgore.
Hai un sapore di frutta estiva
quando ti stringi a diavolo
intorno alle mie mani.
E questo guarirsi di baci
è tutto pane e petali
tra i risolini complici
delle felci.

FERNS

Deceit won't blast us through,
we won't regret this.
We make the cherries ripe
in a very rare spring
there is a humming of bees
in late winter.
I go to the window
swirling of eagerness
a salivary body,
on your finger’s incessant
strumming in to my rooms.
My ring wrapping your waist
your steel on my radiance.
Your flavour is like summer fruit
when you devilishly grip my hands
and this healing of kisses
is just a mix of bread and petals
among the complicit snickers
of the ferns.

HELECHOS

El engaño no nos traspasará,
no nos arrepentiremos.
Maduramos las cerezas
en una extraña primavera.
Está el zumbido de las abejas
al final del invierno.

Me acerco a la ventana
con un torbellino de deseos
y un cuerpo salival,
en el caminar de tus dedos
en mis espacios sin descanso.
Mi anillo en tu cinturón
tu metal en mi fulgor.

Tienes un sabor a fruta de verano
cuando te estrechas como un diablo
alrededor de mis manos.
Y este curarnos con besos
es todo pan y pétalos
entre las risitas cómplices
de los helechos.

TRANSLATE

Translated by: Alessandra Bava, Jessica Poletti Rodriguez, Laura Chalar, Robert Tyler Villareal, Patrice Yeung, Valentina Ulivieri.

PROCEEDS

PART OF THE PROCEEDS OF THIS BOOK GO TO SUPPORT THE LOJELO ART GALLERY and the Cultural Association LA GRANDE BELLEZZA, located in Volterra (PI).

COVER

Naomi is honored for the creation of the cover.

Naomi was born in 1992 in Cecina, a small town on the Tuscanian west coast, Italy. Soon, her family gives Naomi a cultural background made of visual art.

Throughout the years, she matured her photographic and video skills under the pseudonym of Elvira Macchiavelli.

Her photographic focus was on abandoned places, and thanks to this passion, she moved through Italy and Europe.

During her career, she wrote the photographic book "Urban Exploration. Dark zone/Light Zone" and the essay "Urban Exploration. The ethic of the abandonment".

Finally, she exposed her works in Rome, Milan, Reggio Emilia, Cecina, Florence and Fratta Polesine.

Nowadays, Naomi is exploring a new visual art frontier (using her cutter, glue and recycled newspapers), getting in volved in a new creative adventure: CUTTINgLUE.

Contact

naomiearts@libero.it

www.ingramcontent.com/pod-product-compliance
Lightning Source LLC
LaVergne TN
LVHW041236150826
845673LV00008B/2398

* 9 7 9 8 8 4 7 4 9 4 3 7 3 *